Astro

El león marino de Steller

Por Jeanne Walker Harvey

Illustrado por Shennen Bersani

Astro no es un león marino ordinario. Él es un león marino de Steller. Perdió a su madre cuando tenía sólo unos días de nacido. Nadie sabe qué le pasó a ella.

Por fortuna, un científico se dio cuenta que Astro, hambriento y solo, estaba en una isla a lo lejos de la costa de California. El cachorrito fue trasladado al *Marine Mammal Center*, un lugar que cuida a los mamíferos que están enfermos, heridos, o abandonados.

Astro sólo pesaba 39 libras (18 kg). Sus nuevos amigos le hicieron un licuado especial de arenque molido, aceite de salmón, y crema batida. Astro felizmente se lo tragó mientras los voluntarios se lo daban con un biberón. Cuando subió de peso, sus amigos amarraron el biberón a la cerca de su jaula para que se pudiera alimentar por si mismo.

Cuando Astro tenía 10 meses de edad, estaba lo suficientemente grande para unirse a otros leones marinos salvajes de Steller donde pertenecía. Se le colocó un collarín de satélite en su espalda para que el *Marine Mammal Center* pudiera rastrear sus viajes en el océano.

Sus amigos lo llevaron a la playa donde lo habían encontrado y lo dejaron libre en el oleaje. Astro chapoteaba hacia la espuma. Entonces, una ola lo golpeó. No supo qué hacer. Estaba asustado y se salió del agua hacia la arena.

Astro necesitaba meterse en el océano, no estar en la playa con la gente. ¿Podría Astro regresar a la vida salvaje? Cuando fue rescatado era tan joven que ¿se había encariñado con la gente en lugar de otros leones marinos?

Desde lo lejos de la playa, los amigos de Astro lo miraron. Durante los siguientes dos días, Astro se acercó muy poco al agua. En cambio, se unio a los elefantes marinos en la playa. Estaba confundido. No había visto al océano desde que tenía unos días de nacido. Los voluntarios estaban preocupados de que él pasara hambre.

Cuando Astro no se fue de la playa, sus amigos decidieron llevarlo lejos, mar adentro, lejos de las playas y de la gente. Así que, se lo llevaron de regreso al Centro.

Al día siguiente, pusieron a Astro en un bote junto con ocho focas del Norte para ser liberadas en el océano. Los nueve mamíferos marinos y sus otros amigos del Centro viajaron a las Islas Farallon, 27 millas al oeste del Puente *Golden Gate*.

Tan pronto las jaulas de las ocho focas se abrieron, cada una se zambulló en el océano. Todos en el bote les aplaudieron.

Cuando alguien abrió la jaula de Astro, él ni se movió. Sus amigos esperaron. Astro seguía inmóvil.

“Ve y únete a tus amigos”, le dijo el capitán.

Astro no se movió. Sus amigos inclinaron la jaula. Se agarró con sus cuatro aletas. Finalmente, se dejó ir. Con un gran chapuzón, Astro nadó a la profundidad del océano. Sus amigos le aplaudieron.

Pero…10 días más tarde, Astro nadó debajo del Puente *Golden Gate* hacia la bahía de San Francisco. Se trepó a una playa arenosa en el patio de alguien, no lejos del *Marine Mammal Center*.

Una vez más, la gente del Centro capturó a Astro y lo llevó de regreso a su jaula. Parecía que estaba contento de haber regresado, pero sus amigos estaban preocupados. Mientras más tiempo se quedara fuera del océano, más difícil le sería vivir en la vida salvaje.

RESCUE
Center.
RESCUE

Después de unos días, los amigos de Astro lo llevaron a otra isla. Esperaban que no regresara a ninguna de las playas con gente.

Pero Astro tenía otros planes. Justo tres días más tarde, nadó debajo del Puente *Golden Gate* a la bahía de San Francisco. Justo como un perrito, él había encontrado el camino de regreso.

Esta vez, vió a un grupo de niños y sus padres en un campo al lado de una escuela. Las personas estaban haciendo un maratón de camianata para colectar fondos monetarios para la escuela. Astro salió del agua hacia el campo; ¡también quería unirse a la diversión! Corrió alrededor de los conos anaranjados sobre el campo pastoso. ¡Caminó alrededor una vuelta! Todos le aplaudieron a Astro.

Pero la gente también sabía que Astro necesitaba regresar al océano. Ellos trataron de persuadirlo hacia la bahía haciéndole creer que sus cubetas estaban llenas de comida y se las pasaban por enfrente. Astro no se iba. Se quedaba en el estacionamiento. La gente llamó al *Marine Mammal Center*. Una vez más, los voluntarios rescataron a Astro, y lo regresaron a su guarida y al tanque del agua salada.

Sus amigos en el *Marine Mammal Center* estaban muy, muy tristes. Se dieron cuenta de que Astro no podía vivir en el océano. Había sido muy pequeño cuando lo rescataron y se había encariñado con la gente en lugar de los leones marinos de Steller. Continuaría regresando a los lugares donde había gente.

CUE

No podía permanecer en el Marine Mammal Center por más tiempo porque es un hospital veterinario, no un lugar para vivir. Los amigos de Astro hicieron llamadas telefónicas para buscarle un nuevo hogar. Sus amigos en el Centro se emocionaron cuando el *Mystic Aquarium* en Connecticut dijo que Astro podía ir allí.

La primera parada para Astro fue la estadía de seis meses en el *Long Marine Lab* en la Universidad de California en Santa Cruz.

Ya que los leones marinos de Steller son una de las especies en vías de extinción, los científicos en el laboratorio estudiaron a Astro para aprender cómo ayudar a protegerlos. Ellos realizaron pruebas auditivas en Astro y observaron lo rápido que él procesaba su comida.

Astro necesitaba aprender cómo seguir órdenes. Los entrenadores utilizaron un método llamado señales de "puente y objetivo". Cuando Astro aprendió a tocar el puño del entrenador con su nariz (el objetivo), el entrenador le decía "bien", (el puente). Astro ligaba la palabra "bien" con la buena conducta. Entonces el entrenador le podía enseñar a seguir otras órdenes. Queriendo complacer a los entrenadores, Astro aprendió rápidamente.

Astro se dio a conocer por su personalidad divertida y le gustaba saludar a los niños de la escuela que visitaban el *Long Marine Lab*.

Le gustaba jugar con sus juguetes y se los llevaba a su guarida cuando dormía.

Astro voló en un avión al otro lado de los Estados Unidos desde California a Connecticut.

Aunque sus amigos en el *Marine Mammal Center* y el *Long Marine Laboratory* deseaban que Astro hubiera podido regresar al océano, ellos estaban muy felices de que tuviera una nueva casa maravillosa. Si es que alguna vez te encuentras en Mystic, Connecticut, asegúrate de visitarlo.

Para las mentes creativas

La sección educativa “Para las mentes creativas” puede ser fotocopiada o impresa de nuestra página del Web por el propietario de este libro para usos educacionales o no comerciales. “Actividades educativas” extra curriculares, pruebas interactivas, e información adicional están disponibles en línea. Visite www.ArbordalePublishing.com y haga clic en la portada del libro y encontrará todos los materiales adicionales.

Leones marinos de Steller

La palabra “stellar” es una palabra descriptiva (un adjetivo) que describe algo o alguien como si fuera una “estrella” o un gran actor. La palabra “Steller” con una “e” es una especie específica de leones marinos (nombre propio) nombrados en memoria del naturalista Georg Wilhelm Steller (del año 1700). Así que, ¡podrías decir que Astro es un león marino de Steller estrella!

Las cumbres rocosas son unas islas y áreas de la costa con rocas, aisladas, donde los leones marinos se reúnen para aparearse y donde las hembras paren a sus cachorritos.

La caza: abadejo, caballa, arenque, capelines, bacalao y salmón

Los depredadores: ballenas orca, humanos, y algunos tiburones

¡Los leones marinos de Steller bucean en una profundidad de 1,300 pies (400m) para encontrar comida!

Sólo los Nativos de Alaska, quienes dependen de los leones marinos, tienen permiso para cazarlos. Toda otra caza es ilegal. Además, los pescadores comerciales no pueden pescar en un radio de tres millas náuticas de las cumbres rocosas.

Los machos adultos pueden medir 11 pies (3.25 m) de largo y pesar hasta 2,500 lb. (1120 kg). Los machos tienen un pelo largo y áspero en sus cuellos que se parece a la melena de un león.

Las hembras más pequeñas pueden medir 9 pies (2.9 m) y por lo general, pesan de 400 a 600 lb. (181 a 272 kg), pero pueden pesar hasta 770 lb. (350 kg).

El pelaje de los leones marinos de Steller es áspero y de color claro a rojo quemado cuando está seco. Cuando está mojado, es suave y resbaladizo y se pone liso, pegándose a su piel.

Tienen una capa gruesa de grasa que los mantiene calientes en el agua fría.

Los leones marinos de Steller: Amenazados y en Peligro de Extinción

Existen dos grupos principales de leones marinos de Steller. El grupo del Este vive fuera de la costa de California, arriba en la costa del Pacífico a 144º longitud Oeste en Alaska. Este grupo está amenazado, (especies en problemas). El grupo del Oeste vive a 144º longitud Oeste a Japón. Ese grupo son especies que están en peligro de extinción. Los científicos no están seguros qué ha causado que los leones marinos de Steller hayan disminuido en números. Algunas posibles razones incluyen:

La pesca comercial compite con los leones marinos Steller por los peces. La tecnología ha hecho mucho más fácil para los pescadores encontrar escuelas de peces, dejando menos peces para los leones marinos.

La contaminación mata a todas las especies de animales marinos. Puede envenenarlos, o algunas ocasiones, los animales pueden quedar atrapados en la basura (las redes de pesca o los anillos de plástico que van alrededor y sostienen las latas de soda).

¿Dónde está en el Mundo? Una actividad de un mapa

Utiliza el mapa para encontrar varias locaciones mencionadas en la parte inferior, y pon los eventos en orden cronológico apropiados (por fecha). Las respuestas se encuentran al revés, al inferior de la página.

1. Astro fue llevado de regreso al Parque Estatal de Año Nuevo en el mes de abril del 2007, pero se quedó en la playa. Entonces, fue llevado a las Islas Farallon.
2. Astro voló en un avión desde California a Mystic, Connecticut en febrero del 2008.
3. En agosto del 2007, Astro fue llevado al Laboratorio Long Marine en Santa Cruz.
4. Astro fue hallado huérfano en el parque de Año Nuevo en junio del 2006

El orden de fechas: 4, 1, 3, 2

El ciclo de vida del león marino de Steller

Pon en orden los eventos del ciclo de vida de un león marino de Steller para deletrear la palabra desorganizada.

R Los cachorritos nacen a finales de mayo hasta julio. Miden cerca de 3.3 pies (1m.) de largo, pesan de 35 a 50 libras (16-23 kg), y son de color negro o un café muy obscuro.

O Los cachorritos mudan (cambian) de pelaje cuando tienen cerca de 4 o 5 meses, y el nuevo es más claro de color. Entonces, cambiarán de pelaje muchas veces y ya al final de su segundo año, tendrán su pelaje de adulto.

N Cuando los cachorritos tienen de 4 a 6 semanas de nacidos, nadan por primera vez.

A Las hembras llegan a las cumbres rocosas al final de mayo o principios de junio y buscan áreas buenas para parir a sus crías. Los machos pueden tener varias hembras a su cuidado. Las hembras, que han estado preñadas por un año, paren a sus cachorritos casi después de haber llegado. Ellas pueden quedar preñadas de nuevo cuando los cachorritos tienen sólo unas pocas semanas de nacidos.

M A principios de mayo, los machos adultos (elefantes) pelean por y reclaman su territorio rocoso. Por lo general, regresan a la misma área para reclamarla y le toma a uno varios años ganarle a un macho más viejo. Una vez que "tengan" su territorio, lo ocupan por unos años hasta que están muy viejos y débiles (de 13 a 15 años de edad) para pelear contra machos jóvenes. La pelea por el territorio consiste en bramar, bufar, y pelear pecho contra pecho con los hocicos abiertos que algunas veces, causan lesiones severas. El ganador se queda con las mejores áreas y los perdedores se dirigen a las áreas pequeñas, áreas no muy bonitas. Los machos no dejan sus territorios o comen mientras esperan a que las hembras lleguen - hasta por un mes.

I La madre se queda con los cachorritos por una semana o dos antes de dejarlos solos mientras ella va en busca de comida. Los cachorritos se juntan en grupos para dormir y juegan unos con otros mientras sus madres se han ido. Las madres y los cachorritos se encuentran los unos a los otros por medio del olfato y de los sonidos. Una hembra no amamantará a un cachorro que no sea de ella. Un cachorro se amamanta de su madre por tres meses, y lo hará hasta que su madre vuelva a tener otro cachorro.

S Las hembras tienen sus primeros cachorros cuando tienen 4 o 5 años de edad y viven cerca de 30 años en la vida salvaje. Los machos, por otro lado, únicamente viven cerca de 18 años en la vida salvaje, probablemente por pelear mucho por su territorio.

respuesta: MARINOS

¿Léon marino o foca? ¿Qué es igual? ¿Qué es diferente?

Tanto los leones marinos como las focas son mamíferos, lo que significa que están adaptados a la vida marina y dependen del océano para tener su comida.

Ambos obtienen su oxígeno del aire.

Son pinnípedos (patas de aleta), una orden de los mamíferos marinos que también incluye a las morsas. Ellos se arrastran hacia la tierra para descansar y procrearse.

león marino de Steller

Ambos con carnívoros (animales que comen carne).

foca de puerto

Los leones marinos son más ruidosos que las focas.

Los leones marinos tienen largas aletas frontales y pueden meter sus aletas traseras debajo de ellos para que puedan “caminar” sobre la tierra. Las focas no “caminan”, se deslizan sobre la tierra.

Las focas tienen aletas frontales pequeñas con garras que las utilizan para arrastrarse fuera del agua a la tierra.

Las focas nadan con sus aletas posteriores.

Los leones marinos tienen orejas externas, las focas no.

Los leones marinos nadan con sus aletas frontales y utilizan sus aletas posteriores para maniobrar.

Astro se encuentra en el *Mystic Aquarium* bajo la autoridad del NMFS, permiso no. 42-1908-00 expedido y ejercido bajo las provisiones del *Marine Mammal Protection Act* y el *Endangered Species Act*.

El autor dona un porcentaje de sus regalías al Marine Mammal Center y al Mystic Aquarium.

Con agradecimiento a Ann Bauer, Directora de Educación del *Marine Mammal Center*, y a los empleados del *Mystic Aquarium*, una división del *Sea Research Foundation, Inc.*, por verificar la autenticidad en la información de este libro.

A mis padres, June y Joe Walker, y Kent, mi esposo, y a Will y a Scott, mis hijos, por todo su ánimo, y a Astro, ¡un verdadero león marino de Steller estelar!. Con especial agradecimiento a Jane Oliver (*Marine Mammal Center* en Sausalito, CA), y a su entrenador actual, Erin Sermac (*Mystic Aquarium, Mystic, CT*) por compartir conmigo sus experiencias con Astro - ¡la historia de Astro es definitivamente su historia también! Y para todos los voluntarios y los empleados del *Marine Mammal Center* y el *Long Marine Lab* por su increíble dedicación y devoción; y para aquellos en el *Mystic Aquarium* por su increíble cuidado y cálida bienvenida a Astro.—JWH

Mientras estaba haciendo la investigación para las ilustraciones, viajé desde el *Mystic Aquarium* en CT, hasta el *Marine Mammal Center* en Sausalito, CA y del *Long Marine Lab* en Santa Cruz CA, hasta el Acuario en Nueva Inglaterra en Boston, MA. Quiero darles las gracias especialmente a Ann Bauer y a los empleados del *Marine Mammal Center*; y a Traci Kendall y Beau Richter en nel *Long Marine Lab*, UCSC, por donar su tiempo y permitirme estar "detrás de las cámaras" en su centro; Matt Pearson del *Marin Country Day School* por las fotografías del maratón de caminata; al Northern Fur Seals del Acuario de Nueva Inglaterra; y a Becky Giantonio del *Mystic Aquarium* por su ayuda; y, por supuesto, a Astro.—SB

Elaborado en los E.E.U.U.
Este producto se ajusta al CPSIA 2008
Traducido de ***Astro: The Steller Sea Lion***
por Rosalyna Toth

Arbordale Publishing
anteriormente Sylvan Dell Publishing
Mt. Pleasant, SC 29464
www.ArbordalePublishing.com

ISBN 978-1-628554052: portada suave en Español
ISBN 978-1-607188605: portada dura en Inglés
ISBN 978-1-607188742: portada suave en Inglés
ISBN 978-1-607181019: libro digital descargable en Inglés
ISBN 978-1-607181125: libro digital descargable en Español
Interactivo libro digital para leer en voz alta con función de selección de texto en Inglés (978-1-607182993) y Español (978-1-628551303) y audio (utilizando web y iPad/ tableta)